EXTRAIT DU JOURNAL DES SÇAVANS

Du Mois de Juillet M. DCC. LXII.

SUITE DU VOYAGE DE M. ANQUETIL DU PERRON.
Liste des Manuscrits qui dans l'Inde & dans le Kirman sont attribués
à Zoroastre, & des ouvrages qui ont rapport à la Religion des Parsses ,
déposés à la Bibliothéque du Roi, le 15 Mars 1762.

ON ne doit pas s'attendre à voir paroître ici des ouvrages écrits de la main de Zoroastre. Les originaux de ce Législateur n'existent plus. Les manuscrits annoncés dans cette Liste, n'en sont que des copies plus ou moins anciennes. Ces copies sont faites comme la plupart des manuscrits Orientaux, sur du papier de linge de coton couvert d'un vernis qui rend sensibles les moindres traits.

Les manuscrits dont je vais rendre compte, peuvent se diviser en trois classes ; la premiere est celle des ouvrages Zends. (1) On croit que ces livres sont de Zoroastre : ils forment, pour ainsi dire, le Breviaire & le Rituel des Parsses ; ce qui aura pû engager ce peuple à les conserver avec plus de soin. Le *Djouti* Prêtre officiant, & le *Rasspi* son assistant les récitent dans les tems prescrits par la Loi ; & c'est une œuvre méritoire pour les simples Parsses, que de les lire à des heures marquées, même sans les entendre.

La deuxième classe renferme les ouvrages Pehlvis. On verra dans les notices quels sont ceux dont les originaux Zends sont attribués à Zoroastre.

On peut rapporter à la troisième

(1) Le mot *Zend* se prend chez les Parsses pour la Langue même dans laquelle sont écrits les ouvrages qui font partie de l'*Avesta*, c'est-à-dire, de la parole de Dieu, quoiqu'il n'en désigne proprement que les caractères.

A

claſſe les traductions Indiennes & Perſannes, & les manuſcrits qui ont pour numéros XII, XIII, XIV, XV, XVI, XVII & XVIII. Ces ouvrages ſont poſtérieurs au Légiſlateur Parſſe, & ſervent de Commentaire au texte Zend.

On ſera peut-être ſurpris de trouver quelquefois peu d'ordre dans les matieres que traite Zoroaſtre; mais l'étonnement ceſſera, ſi on ſe rappelle le génie Oriental, & qu'on ſubſtitue à l'idée d'un Philoſophe tranquille celle d'un Légiſlateur qui ſe croit inſpiré. Ce point de vue ſous lequel j'enviſage Zoroaſtre, & la crainte de paſſer pour un enthouſiaſte, qui ſouvent prête à l'auteur qu'il traduit, ou qu'il commente, une combinaiſon d'idées qu'on ne voit pas dans l'original, m'ont engagé à préſenter ſimplement un ſommaire abrégé des ouvrages du Prophête des Parſſes.

I. *Vendidad ſadé.* (1) On donne le nom de *ſadé*, qui ſignifie *pur & ſans mélange*, aux ouvrages Zends qui ne ſont pas accompagnés de traductions Pehlvies. Ce volume porte généralement le nom de *Vendidad*, quoiqu'outre le *Vendidad* proprement dit, il contienne encore deux autres traités de Zoroaſtre, *l'Izeſchné* & le *Viſſpered*. Cela vient de ce que le Djouti que l'on charge de réciter le *Vendidad*, eſt obligé de lire en même tems les deux autres ouvrages qui ſe trouvent partagés par leçons, dans le *Vendidad ſadé*.

Le *Vendidad* eſt le vingtiéme traité

(1) *In-folio* de 560. pages.

de Zoroaſtre. Ce mot ſignifie, ſuivant les Docteurs Parſſes, *Livre oppoſé aux maximes du Diable.* (1) C'eſt un Dialogue entre Zoroaſtre & Ormuſd qui répond aux queſtions que lui fait le Légiſlateur Parſſe. Ormuſd y eſt appellé *l'Etre pur, qui récompenſe, abſorbé dans l'excellence, Créateur & Juge équitable du monde qui exiſte par ſa puiſſance.*

L'ouvrage eſt diviſé en vingt-deux chapitres que l'on nomme *Fargard*, & qui ſont tous terminés par une priere que l'on appelle *Eſchem Vohou*, c'eſt-à-dire, *pur & excellent.* Ce ſont les deux premiers mots de cette priere dont voici la traduction. *Celui qui fait le bien & tous ceux qui ſont purs, iront au ſéjour d'abondance qui leur eſt deſtiné.* Les deux premiers chapitres & les cinq derniers contiennent des traits d'Hiſtoire ſur leſquels eſt fondée la croyance des Parſſes. La morale, la police & les cérémonies légales ſont l'objet du reſte de l'ouvrage. Je vais dire un mot de chaque chapitre en particulier.

Dans le premier, Ormuſd apprend à Zoroaſtre qu'il a créé ſeize Villes célèbres autant par leur beauté, que par la richeſſe de leurs Habitans; & qu'Ahriman (le Diable) ſon émule, y a produit les

(1) *Vendidad* vient de *Videouehé* & de *Datehé*; ces mots traduits en Pehlvi par *Djed Dew Dad*, ſignifient littéralement *ſéparé du Diable*, c'eſt-à-dire, *contraire aux maximes du Diable*, ou objet de ſa haine.

maux & les crimes qui affligent la terre. Ces Villes étoient les Capitales d'autant d'Empires de même nom. Il paroît par la Cosmogonie Pehlvie que l'*Iranvedj* ou l'*Iran* (appellé en Zend *Erienem Vedjo*, c'est-à-dire, le pur *Iran*) le premier & le plus considérable de ces Royaumes étoit situé du côté de l'*Aderpadegan*, nommé aujourd'hui l'*Aderbedjan*. Les noms des autres Villes sont *Gaom*, *Moerem*, *Bakhdim*, *Nessaem*, *Haroïoum*, *Veekeretem*, *Orouanm*, *Kheneantem*, *Herekhetim*, *Hetomentem*, *Raghanm*, *Tchekhrem*, *Verenem*, *Haphtehando* (1) & *Rengheïan*.

Dans le 2e Chapitre, Djemchid nommé en Zend *Iemo*, fils de Vivenganm, & quatriéme Roi de la premiere dynastie des Perses, monte au Ciel. Là il reçoit d'Ormusd un poignard d'or avec lequel il fend la terre, produit le pays nommé *Vermaneschné*, (2) & le couvre d'hommes & d'animaux. Ce lieu de délices où la mort n'avoit pas d'empire, est ensuite désolé par l'hiver. Les plaines & le sommet des montagnes sont couverts d'une neige brulante qui consume tout. Djemchid, ajoute Ormusd parlant à Zoroastre, est le

(1) *Haphte Hando* (c'est-à-dire les sept Indes,) qui paroît ici former un seul empire, étoit composé de sept Royaumes, au nombre desquels on comptoit le Cafchmire.

(2) Ce lieu s'appelle encore en Persan *Vardjemguer*, & *Djemkand* en Pehlvi. Ce dernier mot est formé du nom de *Djemchid* & de *Kand* qui signifie *Il a fait*.

premier qui ait vu l'Etre suprême, & qui l'ait consulté face à face. Il a opéré toutes ces merveilles par la force de ma parole qu'il a prononcée (1).

A la fin de ce Chapitre, Ormusd rapporte à Zoroastre l'origine du monde. *C'est moi*, dit *l'Etre suprême, qui ai tout créé. J'ai aussi produit la lumiere premiere qui brille d'elle-même, & qui est une. C'est par elle que voyent les astres, la Lune & le Soleil, (c'est-à-dire, c'est d'elle qu'ils empruntent leur lumière ; au commencement) l'année étoit un jour continuel. Il y eut un hyver de quarante,* (2) *& d'un homme fort nâquirent deux jumeaux, mâle & femelle, qui étoient unis charnellement l'un à l'autre. L'on vit aussi paroître les différentes espèces d'animaux (qui peuplent la terre.)*

Le troisiéme chapitre parle des œuvres agréables à la terre, c'est-à-dire, à l'Ange qui la gouverne. Les principales sont de la bien cultiver, de la couvrir de bestiaux, d'en éloigner les corps morts & de nourrir le pauvre. *Le bon Laboureur*, dit Ormusd, *est aussi grand devant moi*

(1) Le poignard qu'Ormusd donne ici à Djemchid, n'est autre chose que cette même parole qui se nomme quelquefois en Persan *Afchter tez*, c'est-à-dire, poignard tranchant & bien affilé. On sçait que la parole de Dieu paroît dans l'Ecriture-Sainte sous le même emblême.

(2) Le texte ne dit point si ce sont des jours ou des années. Les événemens qui ne sont qu'effleurés dans ce Chapitre, sont rapportés plus au long dans la Cosmogonie Pehlvie.

que s'il avoit donné l'être à mille hommes, ou fait réciter mille Izechnés.

Dans le quatriéme chapitre, il est ordonné de rendre au riche ce qu'on lui a emprunté : ce chapitre traite encore des différentes espèces de *Meherderoudjs.* Ces crimes, disent les Parsses, sont ainsi nommés, parce qu'ils viennent du *Deroudj,* c'est-à-dire, du Diable opposé à *Meher.* C'est l'Ange qui donne la fertilité aux terres incultes. On commet le *Meher Deroudj* lorsqu'on manque à sa parole, lorsqu'on ne tient pas les conventions, lorsqu'on refuse le salaire aux couriers, à l'animal (qui laboure), au maître qui instruit la jeunesse, au païsan, & qu'on n'arrose pas une terre après avoir promis de le faire.

Le cinquiéme chapitre parle des corps morts, de l'endroit où il faut les porter, & des précautions qu'on doit prendre à cet égard. Il y est ensuite question des purifications légales, & de la femme qui accouche avant son terme. Ormusd dans ce Chapitre, relève la pureté du Vendidad, & dit un mot des trois fleuves *Pherat, Pouti & Varkass.*

Le sixiéme chapitre roule sur l'impureté que le mort communique à la terre, à l'eau, aux vases de terre, &c.

Le septiéme chapitre a le même objet ; on y voit de plus des détails sur l'impureté de la femme qui fait une fausse couche, sur la dignité de l'état du Médecin, & sur le mérite de celui qui a rendu la santé à un grand nombre de ma-

lades ; une vie longue & heureuse sera sa récompense. Il doit faire l'épreuve de ses remèdes sur ceux qui adorent les *Dews,* (c'est-à-dire, les Esprits ou Génies créés par Ahriman,) avant que de les donner aux Parsses ; s'il néglige cette précaution, & que ses remèdes tourmentent & fassent empirer le malade, il est digne de mort. Zoroastre fixe ensuite ce que les différentes classes des Parsses doivent donner au Médecin. Il commence par l'*Athorné,* c'est-à-dire, le prêtre. Il faut que le Médecin qui a guéri ce Ministre de la loi, se contente pour payement des prieres qu'il fera pour lui à l'Ange *Dahman.* C'est l'Ange qui reçoit des mains de l'Ange *Sferosch,* les ames des Saints, & qui les conduit au Ciel.

Le huitiéme chapitre parle de la façon de porter un mort au *Dakmé,* c'est-à-dire, au Cimetiere ; du *Sfagdid,* c'est-à-dire, de la cérémonie de présenter un chien au mort pour chasser le Diable qui l'obsède ; des prieres que l'on doit ensuite faire pour le défunt ; du crime dont se rendent coupables ceux qui se souillent en approchant ou touchant un cadavre, & des purifications auxquelles il faut qu'ils se soumettent.

Les Parsses donnent aux feux des noms tirés de l'usage auxquels ils servent : ainsi ils appellent l'un le feu des cuisines ; l'autre, le feu des bains ; un troisiéme le feu des fondeurs, &c. Zoroastre, dans ce chapitre, recommande de porter sous ces feux au *Dadgah*. Ce mot signifie *lieu de Justice*, & désigne l'endroit qui contient le feu sacré & le lieu destiné à la priere.

Le 8e chapitre renferme encore l'*Ieta Ahou Verio* qui est ainsi que l'*Eschem Vohou*, la priere que les Parses ont le plus souvent dans la bouche; elle prend son nom des trois premiers mots; en voici la traduction. *Dieu ordonne aux Chefs de la Loi de faire des œuvres pures & saintes. L'Ange Bahman veille sur ceux qui ont le cœur pur, qui font le bien, & qui dans le monde s'appliquent à l'étude de la Loi; il donne l'empire aux Princes pour qu'ils soulagent & nourrissent les pauvres.*

Ormusd déclare que pour lui plaire, il faut être pur de pensée, de parole & d'action, & que c'est un péché digne de mort que de séduire la fille ou la femme de son prochain, ou de se livrer à la Sodomie. *Séparez*, dit-il à Zoroastre, *de votre communion, & coupez par morceaux celui qui ayant péché, refuse de se soumettre à la punition, le voleur, celui qui tourmente l'homme de bien, le Magicien* (1) *& l'hom-*

me qui refuse de rendre ce qu'il a emprunté.*

Dans le neuvième chapitre, il est question du Destour-mobed qui donne le *Baraschnom*, c'est-à-dire, qui purifie ceux qui se sont souillés; des qualités requises dans ce Ministre; du lieu, des instrumens & des cérémonies propres aux purifications. Zoroastre parle encore dans ce chapitre du mal physique & du mal moral. Ces maux, dit ce Législateur, doivent leur origine & leur progrès aux crimes que commettent les hommes, & au peu de soin qu'ils ont de se purifier. C'est par une suite de cette règle générale qu'il avance dans le chapitre 18, que la fornication & l'adultère desséchent les rivières & rendent les terres stériles.

Le dixième chapitre traite des prieres qui chassent les Diables. Ces esprits impurs président tous à des crimes & à des dérangemens particuliers de la nature auxquels leurs noms ont rapport. (1)

Le onzième chapitre détaille les moyens de purifier ce qui a été souillé. L'*honover*, c'est-à-dire, la parole de Dieu, est pour réussir l'agent le plus efficace.

Dans le douzième chapitre il est question des prieres que les enfans ou les parens d'un mort sont obli-

---

(1) La magie en Zend se nomme *Iato*, & en Persan *Djadou*. Le Magicien, selon les Parses, est celui qui a commerce avec le Diable ou avec ses productions, & qui pour quelque chose que ce soit, invoque le secours du mauvais principe. Voici comment Ormusd s'exprime sur cet Art dans le premier Chapitre de cet ouvrage: *Il semble que la magie puisse tout faire & donner tout ce qu'on desire; lorsqu'on voit quelqu'un de ses effets, elle paroît dans le moment une mine (d'or.) Mais ses plus grands succès ne viennent que du mauvais principe: ceux qui font le bien sont à l'abri de ses coups.*

(1) Le Diable *Eschmem* ou *Khaschm* porte les hommes à la colere, qui en Persan s'exprime par *Khaschm*. *Vato* excite les tempêtes par un vent violent, & en Persan *Vâd* ou *Bâd* signifie le vent.

gés de faire dire à son intention.

Le treizième chapitre parle des différens chiens dont l'approche chasse le Diable qui rode après minuit dans le monde, de la manière dont il faut les nourrir, & du crime que commettent ceux qui les frappent.

Le quatorzième chapitre a le même objet. Celui qui a tué un chien, doit, pour expier son crime, donner aux trois classes des Parsses, (les Prêtres, les Militaires & les Laboureurs) les instrumens de leur état; s'il ne peut pas faire cette dépense, il creusera des ruisseaux qui arrosent la terre, & destinera aux troupeaux des lieux bien entourés, ou bien il mariera sa sœur ou sa fille à un homme d'une sainteté reconnue.

Dans le quinzième Chapitre, il est parlé de cinq péchés qui méritent l'enfer; le premier est de railler & de contredire un homme pur qui instruit le pécheur; le second de faire tomber les dents à un chien qui chasse le Diable, en lui donnant à manger quelque chose de brûlant; le troisième est de frapper ou d'effrayer une chienne pleine, de façon qu'elle se blesse; le quatrième & le cinquième sont d'avoir commerce avec une femme qui a ses mois, ou avec celle qui allaite.

»Le seizième chapitre regarde encore la femme qui a ses mois, & détaille la façon dont elle doit vivre, le lieu où il faut qu'elle se retire, les purifications qu'elle doit subir quand ses mois seront passés, & le crime que commettent ceux qui l'approchent avant ce temps.

Le dix-septième chapitre enseigne ce qu'il faut faire des cheveux & des ongles lorsqu'on les a coupés. On doit creuser en terre un trou d'un demi-pied de profondeur, & mettre au fond une pierre, sur laquelle on posera les cheveux & les ongles, en récitant les prières ordonnées par la Loi.

Dans le dix-huitième chapitre, Zoroastre avertit les Parsses de ne pas ajouter foi au Destour qui porte le *penom* (1) & fait les fonctions des Prêtres sans avoir le *Kosti*, qui est la ceinture des Parsses. C'est un imposteur qui enseigne la loi du Diable, quoiqu'il se donne pour Destour.

On lit dans ce chapitre comment au commencement Ahriman résista à Ormusd, & refusa d'embrasser sa Loi. Zoroastre y fait ensuite l'éloge du Coq, qui est après l'Ange *Sferosch*, le Gardien du monde, & qui garantit les hommes des embuches du Diable.

Le dix-neuvième chapitre rappelle la guerre d'Ormusd avec Ahriman, & la défaite du dernier vaincu par l'*Honover*, c'est-à-dire, la parole de Dieu. Ormusd annonce qu'à la fin du monde l'œuvre d'Ahriman sera détruite par les trois Prophêtes *Oschederhami*, *Oschedermah* & *Sfossiosch*, qui naîtront

(1) Le penom est un linge que les Parsses se mettent sur le nez lorsqu'ils prient, & dans d'autres circonstances spécifiées par leur Loi. Ce Linge a succédé aux bandelettes dont les Mages du tems de Strabon se couvroient les joues & la bouche.

d'un germe conservé dans la source nommée *Kanffe*. (1)

Il est encore parlé dans ce chapitre du temps sans bornes, (2) de l'ame de Dieu toujours occupée de la parole, des purifications qui doivent se faire particulierement avec de l'urine de bœuf, & de quelques instrumens nécessaires lorsqu'on lit l'*Avesta*, comme le *Barssom*, (3) la *Sonnette* & les *Soucoupes*.

Zoroastre s'étend sur ce qui arrivera à la résurrection. Après ce grand événement, les faints & les méchants passeront le pont qui sépare la terre du ciel, protégés par le chien qui garde les bestiaux.

Les noms des Diables finissent ce chapitre.

Dans le vingtième chapitre, il est parlé du troisième *Poeriodekesch*, c'est-à-dire, le troisième Prince de la premiere dynaftie. (4) Roi juste & pur, qui a aboli les maux pro-

(1) C'est un petit fleuve que la Cofmogonie Pehlvie place dans Sfiftan. Il arrofoit *Raghanm*, douzième Ville créée au commencement par Ormufd.

(2) Voyez plus bas dans la notice de la Cofmogonie Pehlvie, ce qui eft dit du tems fans bornes, appellé en Zend *Zerouané Akerené*.

(3) Voyez plus bas fur ces inftrumens la notice de l'Izefchné.

(4) Le troifième Poeriodekefch eft Djemchid. Il eft appellé le troifième Roi de la première Dynaftie, parce que quelquefois on ne compte pas Kaïomorts. La Cofmogonie Pehlvie nous apprend que les Pefchdadians (nom Perfan des Poeriodekefchans) n'ont pas habité l'Iranvedj, mais un lieu fort chaud & fort élevé, fitué dans le Kaboulestan, & nommé en Pehlvi *Pefchiaffei*, c'eft-à-dire, demeure

duits par le Diable. Ormufd lui avoit donné l'arbre de la fanté & le *Hom*. (1)

Dans le vingt-unième chapitre, Ormufd dit à Zoroaftre de prier & de rendre un culte de louanges au premier bœuf, & à la pluie dont le diftributeur eft l'Ange *Tafchter* qui a un corps de bœuf.

La pluie a été tirée du fleuve *Pherat* & du fleuve *Varkaff*; & fon action jointe à celle du foleil *qui comme un cheval fougueux s'élance du haut de la montagne Albordj*, eft pour la terre une fource de fécondité.

Enfin, le vingt-deuxieme chapitre contient la miffion de Zoroaftre; Ormufd l'envoye avec l'Ange *Nerioffengue* dans l'Irman. (2)

des premiers, des Pefchdadians ; le *Vermanefchné* créé ou peuplé par Djemchid étoit auffi dans les montagnes, comme il paroît par fon nom Perfan *Vardjemguer*, qui fignifie *Vallées & Montagnes de Djemchid.*

(1) Voyez plus bas fur le Hom la notice de l'*Izefchné*, & fur le premier bœuf dont il eft parlé dans le Chapitre fuivant, celle de la Cofmogonie Pehlvie.

(2) Plufieurs raifons fur lefquelles les bornes d'une fimple notice ne me permettent pas de m'étendre, m'engagent à croire que l'*Irman* eft l'Arménie, & que cette montagne élévée où Zoroaftre prétend *avoir confulté l'Etre fuprême*, eft l'Albordj (le Caucafe;) c'eft là vraifemblablement que le Légiflateur Parffe a compofé fes ouvrages. Alors la Langue de l'*Avefta*, à laquelle les Parffes donnent une origine célefte, parce qu'ils en ignorent le vrai nom, pourra bien être l'ancien Arménien, c'eft-à-dire, l'ancien Idiome du Caucafe & des Pays dominés par cette chaîne de montagnes.

(*Erlemenaï* en *Zend*) *Allez*, lui dit-il, *dans l'Irman, ce lieu que j'ai créé pur & brillant, & que la couleuvre infernale a gâté & infecté, couleuvre abîmée dans le crime, & pleine, pour ainsi dire, de la mort.... Portez-y ma Loi, vous qui dans les derniers tems, êtes venu près de moi sur une montagne élevée, où j'ai répondu aux questions que vous m'avez faites..... Je vous donnerai mille bœufs gras comme le bœuf* (1) (de la montagne Sokand (2)) *sur lequel les hommes passerent* (l'Euphrate dans le commencement.).... *Vous aurez tout en abondance, vous exterminerez les Diables & les Magiciens, & vous abolirez les maux qu'ils produisent.... Ce sera la récompense que j'accorderai aux dispositions saintes des habitans de l'Irman.*

L'*Izechné* est le deuxième ouvrage contenu dans le *Vendidad Sadé*. Les Parsses le regardent assez généralement comme un traité complet. Le mot *Izechné* désigne une bénédiction accompagnée de louanges. Telle est la forme générale des prieres chez les Parses. Le *Néaesch* marque de plus l'humble disposition de celui qui le récite. L'*Iesche* est un éloge pompeux de l'Etre qui en est l'ob-

jet, Cette dernière priere se fait avec plus d'appareil, & passe pour être plus efficace. Aussi appelle-t-on *eau ieschtée* une eau consacrée avec certaines cérémonies, & qui a dèslors une vertu particuliere qui influe sur les ames. Si la priere renferme des souhaits, c'est un *Afergan*. Je reviens à l'*Izechné*.

Cet ouvrage est composé de 72 chapitres que l'on nomme *Ha*. C'est une abrévation de *Hatam*, second mot de *Ienguhé Hatam*, c'est-à-dire, ainsi soit-il, formule qui termine tous les chapitres de l'*Izechné*.

On divise l'*Izechné* en deux Parties; la premiere qui renferme vingtsept chapitres, a pour objet l'Etre suprème, sa parole & ses créatures. La seconde comprend le reste du traité & contient des prieres adressées à Ormusd & à ses Anges. Les besoins de l'homme y sont détaillés.

En général, cet ouvrage est plus liturgique que les autres. Il y est souvent parlé des instrumens nécessaires au Ministre de la Loi, lorsqu'il récite l'*Avesta*. Ce ministre se nomme *Djouti*, qui vient du Zend *Zeota*, c'est-à-dire, *celui qui prononce avec rapidité*. Son assistant est le *Rasspi* dont le nom Zend est *Atrhéokhscho*, c'est-à-dire, *celui qui prépare le feu*; les instrumens & les autres choses nécessaires ne sont pas en grand nombre : voici les principales.

L'*Ateschdan*, c'est-à-dire, le réchaud où est le feu; le *Barssom*, faisceau de petites branches d'arbres

---

(1) Voyez plus bas la notice de la Cosmogonie Pehlvie; il est encore parlé de ce bœuf dans la Prière au Soleil nommée *Khorchid Néaesch.*

(2) *Garsokand* est une montagne qui, selon les Parsses, est au milieu de l'Euphrate, dans le *Kounneress* où étoit situé l'*Iranvedj.*

bres liées en nombre déterminé; (1) l'*Avan*, c'est-à-dire, la sonnette; le *marteau* de la sonnette; le *Mahrou*, ce sont deux espèces de chenêts qui soutiennent le *Barssom*; les tasses, les soucoupes, un anneau entouré de crin; (tous ces instrumens doivent être de métal) des morceaux de l'arbre hom & de grenadier; des petits pains ronds, minces & larges d'un pouce & demi, nommés *Darouns*; du lait, de la viande cuite, de l'eau simple, de l'eau consacrée, & du jus de *Hom* : on pile quelques morceaux de cet arbre (2) dans l'*Avan* qui est à peu près de la forme de nos calices; le suc qui en sort est appellé eau-de-vie. La vertu des instrumens dont je viens de parler, & des cérémonies où on les employe, est détaillée dans l'*Izechné*. Mais Zoroastre a toujours l'attention d'ajouter que celui qui lit l'*Avesta* doit être pur de pensée, de parole & d'action.

Ce Législateur recommande encore le *Keschi*, qui est le mariage entre cousins-germains. Il releve beaucoup la subordination, & déclare que tous les Etats doivent avoir des chefs; ces Etats sont les Prêtres, les Militaires, les Laboureurs & les ouvriers. Zoroastre ajoute que les femmes feront bien de mettre à leur tête une personne de leur sexe, formée & féconde. Il répéte souvent qu'on doit bien nourrir les animaux, & dit un mot de l'âne pur.

La Cosmogonie Pehlvie appelle cet animal *l'âne à trois pieds* : elle le place au milieu de l'Euphrate. *Il a*, dit l'auteur de cet ouvrage, *six yeux, neuf bouches, deux oreilles & une corne d'or; son corps est blanc, il se nourrit de mets célestes; des milliers d'hommes & d'animaux passeroient entre ses jambes; c'est lui qui purifie l'eau de l'Euphrate & celle qui arrose les sept portions de la terre : il fait entendre sa voix; aussi-tôt les poissons qu'Ormusd a créés, conçoivent; & les productions d'Ahriman perdent leur fruit.*

Il y a dans l'*Izechné* de grands détails sur l'*Honover*, c'est-à-dire, la parole de Dieu. Cet ouvrage la représente comme existante avant toutes les créatures.

Les 9, 10 & 11ᵉ Chapitres roulent sur le *Hom*, nommé *Hom Ised*. Ce Destour célèbre y paroît comme un Roi pur qui a des yeux d'or & perçans; sa demeure est sur la montagne Albordj. C'est lui qui bénit l'eau & les bestiaux; il enseigne la voie droite à ceux qui font le bien. Le Palais superbe qu'il habite sur l'Albordj est soutenu par cent colonnes; son lit & ses vêtemens sont éclatans de sainteté. Il a annoncé la Loi sur les montagnes; c'est lui qui a rapporté du ciel le *Kosti*, (ceinture des Parsses) & le *Saderé*, (espèce de chemise des Parsses. L'occupation du *Hom* sur les montagnes est de lire l'*Avesta*; il

(1) Les Mages, dit Strabon, Liv. 15, font leurs prieres pendant le jour, tenant en main un petit faisceau de branches de Bruyere.

(2) Plutarque parle de cette cérémonie lorsqu'il rapporte les opinions des Mages, *Lib. de Isid. & Osir.*

détruit le serpent à deux pieds. Il a créé l'oiseau qui recueille les grains tombés de l'arbre *Hom*, & qui les répand sur la terre.

Lorsque cinq personnes pieuses & saintes sont dans un lieu, je me trouve, dit le *Hom*, au milieu d'elles.

C'est le *Hom* qui a attaché à un mur d'airain Afrassiab, Roi de Touran ; c'est lui qui a accordé Djemchid aux prieres de Vivenganm, & Feridoun vainqueur de Zoâk à celles d'Atvian. Le héros Guerschassp qui a tué la couleuvre, étoit le fruit des prieres que Saman son pere avoit adressées au *Hom*. Enfin Poroschassp, pere de Zoroastre, devoit ce fils à la protection de *Hom*.

Tèl est le portrait que l'*Izechné* nous fait de *Hom*. Son surnom en Zend est *Zaereguoé*, *Zereguoené*, *Zerietché*, *Zerrin* ; chacun de ces quatre mots signifie *de couleur d'or*. Cette qualification, qui désigne particulierement l'arbre *Hom* planté au milieu de l'Euphrate, convient aussi à *Hom Ised*, qui préside à cet arbre ; & c'est elle, je crois, qui aura donné lieu à ce que quelques auteurs anciens disent d'un premier Zoroastre; comme ce dernier nom étoit plus récent & plus familier, il aura vraisemblablement été substitué à ceux de *Zereguoené* ou *Zerrin*, avec lesquels il a presqu'autant d'affinité qu'avec *Zeretofchtré*, *Zertofcht* & *Zerduft*, qui sont les noms Zends & Pehlvis de Zoroastre.

Ce *Hom Zereguoené* n'a pas laissé d'ouvrages. C'étoit un sage célè-bre; il étoit Roi des montagnes, & son thrône étoit sur l'Albordj. Zoroastre, il est vrai, lui attribue plusieurs traits qui ont pu rendre indécis chez les anciens, le tems auquel il vivoit. Ces différens faits se sont passés sous Djemchid, sous Feridoun, sous Guerschassp, sous Kèkossro, & même sous Gustassp. Mais par le texte Zend, il paroît certain que *Hom Zereguoené* a donné des loix aux Peuples des montagnes du tems de Djemchid, sous lequel il vivoit. Les autres traits qu'on rapporte de lui, appartiennent aux Princes qui l'ont invoqué. L'historien représente *Hom* opérant lui-même des merveilles qui n'étoient dûes qu'à sa protection, où à son intercession.

On voit encore dans l'*Izechné*, l'éloge du soleil, du feu, de l'eau, de la lune & des cinq *Gahs*. Ce sont les noms des cinq jours que les Parses ajoutent aux 360 jours de l'année, parce que les 12 mois qui la composent n'en ont chacun que 30.

L'*Izechné* finit par l'éloge de *Sferofch*, l'Ange du monde terrestre, & qui veille à sa conservation, & par le sommaire de la loi des Parses ; lire l'*Honover* pur & victorieux, qui brulera comme un bois sec ceux qui sont impurs de pensée, de parole & d'action, & avoir un respect religieux pour tout ce qu'Ormusd a fait, pour ce qu'il fait maintenant, & pour ce qu'il fera dans la suite, voilà l'abrégé de la loi, selon cette parole d'Ormusd, *priez tout ce que j'ai créé, c'est comme si vous me priez moi-*

même. C'est pour exécuter cet ordre du premier être que Zoroastre, au commencement de l'*Izeschné*, chante les louanges des Poeriodekeschans & des Kèanians, (premiere & seconde dynastie des Rois Perses) des lieux couverts de bestiaux, de la lumiere, du bœuf qui a été créé le premier & dont l'homme est sorti, & de l'ame de Kaïomorts, (premier Roi de la premiere dynastie.)

On peut remarquer à cette occasion, que dans les ouvrages Zends il n'est jamais parlé que des deux premieres dynasties Perses, celle des Peschdadians, & celle des Kèanians; ce qui prouve qu'ils ont été composés sous la derniere.

Le *Vispered* est le troisième ouvrage contenu dans le *Vendidad sadé*. Si ce n'est pas un traité complet, on peut le rapporter au *Bagantâssi*, quinzième ouvrage de Zoroastre, & qui renferme l'éloge des créatures de Dieu.

Vispered signifie *connoissance de tout.* Ce mot est composé de deux mots, *khèrad*, *esprit*, & *Vispé*, *tout*; il vient du Zend *Khretoum vispo.*

L'ouvrage a vingt-sept petits Chapitres que l'on nomme *Cardé*, c'est à-dire, portion.

Tchengregatcha, Brame célébre des Indes, étant venu voir Zoroastre attiré par le bruit de son nom, ce Législateur prononça devant lui le *Vispered*, qui commence par l'éloge du Brame. On a vu dans la notice de l'*Izeschné* que tous les Etats chez les Parsses avoient des Chefs particuliers. Les animaux en

ont aussi, auxquels la Cosmogonie Pehlvie donne le titre de *Destour*, c'est-à-dire, Docteur, maître qui enseigne les usages & les cérémonies. (1) Zoroastre pour montrer l'excellence de *Tchengregatcha*, le met au-dessus de ces Destours des animaux terrestres & des animaux aquatiques.

Il parle ensuite des *Gahanbars*, ce sont six fêtes, de cinq jours chacune, établies à l'occasion des six différens tems dans lesquels le monde a été créé.

Le *Vispered* renferme des prieres, en forme de louanges adressées à tout ce qui a été créé; au *Ssetout Iescht*, premier ouvrage de Zoroastre & qui traite de la nature de Dieu & des Anges; à l'*Izechné*, aux Anges, aux animaux, au *Hadokht*, 21e Traité du Législateur Parsse, au bœuf dont l'homme a été tiré; au fleuve *Varkass*, à l'*Honover*, & à l'*Eschemvohou*; lorsque l'homme à l'article de la mort ne peut plus parler, cette priere recitée en son intention, lui est d'un grand secours.

L'arbre *Hom* est aussi célébré dans le *Vispered*.

On y voit encore le *Djouti* & le *Rasspi*, faire des cérémonies Religieuses autour du feu & Zoroastre s'adresser au poignard (2) de Dieu, à la massue (3) & au pont qui sépare la terre du ciel.

(1) Le mot *Destour* en Persan moderne signifie Coutume.

(2) C'est le poignard dont il est parlé dans le deuxième Chapitre du Vendidad.

(3) C'est la massue avec laquelle l'Ange

La sainteté est particulièrement recommandée aux Prêtres, & le mariage entre cousins germains au reste des Fidéles (1).

Enfin le *Visspered* nous donne les noms des sept empires ou parties du monde, qui sont *Erezebio, Sseouebio, Frededafschebio, Videdafschebio, Voroberesstebio, Vorodjeresstebio* & *Keneretché.* L'Iran étoit dans cette dernière partie du monde (2).

Outre les trois ouvrages, dont je viens de parler, on rencontre quelquefois dans le *Vendidad sadé* de petits fragmens tirés de plusieurs morceaux Zends dont je parlerai dans la suite.

Le *Vendidad sadé* qui paroît ici a été copié l'an d'Iezdedjerd 1083. & de J. C. 1714. (3).

Meher frappe le Diable qui veut désoler le monde. Il est encore parlé du poignard & de la massue dans le *Iescht de Meher.*

(1) On trouve dans le Visspered la vraie étymologie du *Zendavesta.* Ce mot vient de *Vetchesstem-Aziantem,* dont s'est formé *Vestaozend,* c'est-à-dire, parole *Vetchesstem,* vivante *Aziantem.*

(2) Dans la Cosmogonie Pehlvie *Erezebio* est à l'Ouest, *Sséouebio* à l'Est, *Frededafschebio* & *Videdafschebio* au Sud, *Voroberesstebio,* & *Vorodjeresstebio* au Nord, & *Keneretché* au milieu de la terre.

(3) Traduction de la notice qui est à la fin du volume; elle est en Persan moderne écrit en caractères Zends. *Au gah Avan le jour heureux Zamiad, du mois beni Meher, l'an* 1083 *d'Iesdedjerd, Roi des Rois, & Prince puissant, la copie de ce Livre appellé Djeddewdad a été achevée avec une satisfaction accompagnée de remercîmens pour l'être suprême, par l'esclave de la Loi Darab Erbed, habitant de Naupary, & fils de Rousstoum qui descend*

Celui qui est à Oxford à la Bibliothèque Bodléienne est un *in 4°.* qui a été apporté en Angleterre par Richard Cobbe l'an 1723. Cet exemplaire a été écrit l'an 1050 d'Iesdedjerd, de J. C. 1681. (1).

II. *Vendidad Zend* (2) & *Pehlvi mêlé de Pahzend, collationné sur l'exemplaire de Bikh, Destour-Mobed, de Surate, sur celui de Darab son adversaire, & exactement semblable à tous les Vendidads de Surate.*

Lorsque les Parsses persécutés par les descendans d'Omar, passerent dans l'Inde, ils y porterent les Livres de leur Loi. Mais insensiblement les guerres & les liaisons qu'ils eurent avec les Indiens, leur firent négliger le Pehlvi, de façon que les traductions faites dans cette dernière Langue s'étant perdues avec le tems, il ne restoit il y a à peu près 450 ans que les six premiers Chapitres du *Vendidad* de traduits du Pehlvi en Sanskreram. Ce fut alors que le Destour Ardes-

de Neriossengue, fils de Daval; que celui qui lira ce Livre ou le fera réciter, prie pour moi dans ce monde, afin que mon ame dans l'autre soit heureuse; selon cette parole, les ames pures du paradis sont dans la joie.

(1) Traduction de la notice qui est à la fin du *Vendidad sadé* d'Oxford. Elle est en Persan moderne écrit en caractères Zends. *Le jour heureux Arscheffevang, du mois beni Meher, l'an* 1050. *d'Iesdedjerd, Roi des Rois, Prince puissant de la race des Sfassanides; ce Livre appellé Djeddewdad a été achevé (copié).*

(2) *In-folio de 488 pages.*

thir apporta du Sſiſtan dans l'Inde(1) 21 Chapitres du *Vendidad* Zend, avec la traduction Pehlvie. On en tira auſſitôt deux copies, ſur leſquelles ont été faites toutes celles qui ont maintenant cours dans le Guzarate.

L'exemplaire dont il eſt ici queſtion a été écrit l'an 1127. d'Iefdedjerd, de l'Ere Chrétienne 1759.

III. *Izeſchné,* (2) *Zend & Samskretam, & Ieſchts ſadés.*

La traduction Samskretanne de l'*Izeſchné* faite ſur la Pehlvie, ne comprend que les 66 premiers Chapitres. On la doit aux ſoins des Mobeds, *Nerioſſengue fils de Daval, & Ormuſdiar fils de Ramyar,* qui du Pehlvi mirent en Samskretam, il y a environ 300 ans, tout ce qu'on a de traduit dans cette dernière Langue.

On donne le nom d'*Ieſchts ſadés* à un volume qui renferme 18 *Ieſchts,* & pluſieurs ouvrages Zends & Perſans, tous écrits en caractères Zends.

Les *Ieſchts* ſont des éloges pompeux d'Ormuſd & de quinze Anges, qui ſont *Ardibeheſcht, Khordad, Avan, Khorchid, Mah, Tir, Goſch, Meher, Sſeroſch, Raſchnéraſſt, Farvardin, Behram, Aſchtad, Hom & Venant.* Je vais m'arrêter un moment ſur les *Ieſchts* d'Ormuſd & de *Farvardin.*

Zoroaſtre dans l'Ormuſd Ieſcht demande à Ormuſd *quelle eſt cette*

(1) Le 21e Chapitre Zend & Pehlvi ne ſe trouve ni dans les exemplaires du Kirman, ni dans ceux de l'Inde.

(2) *In-folio* de 616 pages.

parole ſublime & douce qui donne la victoire & répand la lumière ; qui guide l'homme dans ſes actions, qui anéantit les efforts du malin eſprit, & qui donne la ſanté au corps & à l'ame.... Cette parole, lui répond Ormuſd, *eſt mon nom.* (1) Je m'appelle *le Dieu qui aime à être conſulté ; le pere des hommes & des troupeaux, le puiſſant, le pur, le céleſte, le germe de tout ce qui eſt bon ; l'Auteur & le conſervateur de tout ce qui eſt pur ; l'intelligence ſouveraine, & celui qui la communique ; la ſcience & celui qui la donne ; l'excellence, & celui d'où elle découle ; le Roi pur ; la ſource du bien-être ; celui qui eſt ſans mal ; le fort qui ne ſe laſſe pas ; celui qui compte & peſe (toutes choſes,) qui voit tout, qui donne la ſanté, le juſte juge,.... l'être qui ne trompe pas, & qu'on ne peut tromper,... enfin le Dieu qui récompenſe......Voilà mon nom, ayez-le continuellement dans la bouche, & vous n'aurez rien à craindre ni de l'arc, ni du Tchakar,* (2) *ni de la flèche, ni du poignard, ni de l'épée, ni de la maſſue.* A cette réponſe d'Ormuſd, Zoroaſtre s'anéantit devant lui, & dit : *Je*

(1) Le Docteur Hyde (Hiſt. Rel. V. P. pag. 175, 6, 7, 8,) donne les noms de Dieu, d'après un Catalogue Zend, & ne traduit que les deux derniers, dont l'un eſt en Perſan moderne *Kerdegar,* agiſſant, Créateur ; & le deuxième eſt compoſé d'un mot Arabe & d'un mot Perſan *Ghèbdan,* qui connoît les choſes les plus cachées.

(2) *Tchakar* eſt une pièce de bois un peu longue, ronde & hériſſée de clous ; on la lance avec la main du haut des murs d'une ville ſur les aſſiégeans.

rends hommage à l'intelligence de Dieu qui contient la parole, à son efprit qui la médite, & fa langue qui la prononce fans ceffe.

On peut comparer les noms d'Ormufd, rapportés par Zoroaftre dans l'*Ormufd Iefcht*, avec un paffage qu'Eufebe (1) affure être tiré du Recueil facré des ufages Religieux de la Perfe, c'eft-à-dire, des ouvrages Liturgiques des Perfes. Le voici tel que le traduit M. l'Abbé Foucher.(2)

Dieu a une tête d'épervier; il eft le premier de tous les êtres, incorruptible, éternel, fans principe, indivifible, fans modèle, fouverain modérateur de tout ordre & de toute beauté; on ne peut le corrompre par des préfens: il eft meilleur que tous les bons, plus prudent que tous les prudens; c'eft le Pere de la juftice & de l'équité: il ne puife fa fcience que dans lui-même; il eft Auteur de la nature, parfait, fage, & feul inventeur de la Phyfique Sacrée.

Peut-être que fi Eufebe avoit rapporté les paroles Perfannes dont il donne la traduction, on verroit plus aifément d'où elles ont été tirées. Vraifemblablement ce fçavant Evèque avoit fous les yeux quelqu'ouvrage Liturgique de Zoroaftre traduit en Pehlvi, c'étoit alors la Langue des Perfes. Au commencement du Livre, on avoit écrit les attributs d'Orfmufd, extraits de différens traités, comme du *Vendidad* & de l'*Ormufd Iefcht*, & c'eft fans doute ce qu'Eufebe aura mis en Grec. Qu'il me foit

(1) *Praep. Evang. L.* 1. *C.* 10.
(2) *Mém. de Litt. T.* 27. *p.* 347.

permis de hazarder ici quelques réflexions fur la traduction.

D'abord j'ignore abfolument ce que c'eft que cette *tête d'épervier* donnée à Ormufd. L'Etre fuprême dans les ouvrages des Parffes, ne paroît jamais fous la forme d'aucun animal.

Il eft le premier de tous les Etres.... Ces expreffions rendent le *Poerim* qui eft dans le premier Chapitre du Vendidad; il fignifie *premier.*

Le nom d'*incorruptible* eft un deuxième fens du mot *éouenemné* que j'ai traduit; *fort, & qui ne fe laffe pas.*

Eternel & fans principe, eft la traduction d'*Akerené*, qui fignifie exactement *fans bornes.* (1)

Pour le mot d'*indivifible*, il fent un peu le Philofophe du moyen âge, & préfente une idée éloignée de la façon de raifonner des premiers fages de l'Orient. Ils confidéroient Dieu dans la grandeur de

(1) Cet attribut dans les ouvrages Zends n'eft donné qu'au Tems. *Zerouané Akerené, le Tems fans bornes;* parce qu'il eft le feul être fans principe, & l'origine des deux principes fecondaires, Ormufd & Ahriman.

Les autres noms conviennent également à Ormufd & au Tems; au Tems comme à la fource de tout bien, à Ormufd comme à une créature qui a reçu du Tems toutes les perfections que ce premier principe pouvoit lui communiquer.

Zoroaftre, pour donner une plus grande idée de ce Tems fans bornes, le diftingue d'un Tems créé qu'il appelle dans le *Khorchid Néaefch Tems long, donné de Dieu, Zerouanem Derego Khedatem.* Ce dernier tems eft la durée du monde.

son Etre, & dans son rapport avec les créatures, sans s'amuser à le décomposer, & à examiner s'il est susceptible de parties.

Seul inventeur de la Physique sacrée. Ces paroles me portent à croire qu'Eusebe n'étoit pas trop au fait du système de Zoroastre: il auroit dû traduire: *Seul Auteur de la nature Sainte, ou du monde pur.* Voilà, je crois, le vrai sens du Legislateur Parsse. Il venoit de dire qu'Ormusd *étoit l'Auteur de la nature.* De-là on pouvoit conclure que tous les Etres venoient de ce principe. Cependant Ahriman a créé un monde qui fait aussi partie de la nature ; c'est le monde impur. Pour prévenir l'erreur qui mettroit tout sur le compte d'Ormusd, Zoroastre ajoute que cet agent *est seul Auteur de la nature Sacrée, c'est-à-dire, du monde pur.* C'est ainsi qu'il s'exprime Chap. 19 du *Vendidad* : *Ehord mesdao escheoné damo datem. Ormusd qui a fait le monde pur ;* & dans l'*Ormusd Iescht*, *Visspé vohou mesdedaté esché tchethré. Ormusd est le pur germe de tout ce qui est pur & saint.*

Le reste du passage d'Eusebe se retrouve assez exactement dans ce que j'ai traduit de l'*Ormusd Iescht.*

Le *Farvardin Iescht* se nomme dans le Kirman, *Feroueschi* ; c'est un ouvrage de trente-un Chapitres ; l'Ange *Farvardin* à qui il est adressé, préside aux *Ferouers*, c'est-à-dire, aux premiers modèles, à l'ame, pour ainsi dire, de tout ce qui existe, spirituel & non spirituel. Zoroastre dans cet *Iescht*, rend homma-

ge à tous les *Ferouers* ; il parle à cette occasion des Rois & des grands hommes qui ont existé avant *Gustassp*, & les caractérise par quelque trait particulier. Une partie des faits qui dans la Cosmogonie Pehlvie paroissent les plus singuliers, se trouvent confirmés par quelques mots semés dans le *Farvardin Iescht.*

Les principaux des autres ouvrages contenus dans le volume des *Ieschts sadés*, sont :

1°. Les cinq *Néaeschs.* Ce sont des prieres Zendes en forme d'éloges, adressées à l'Ange du Soleil ; à *Meher*, à la Lune, à l'eau & au feu. Le *Néaesch* n'est que l'extrait de l'*Iescht* du même Ange.

Zoroastre, dans le *Néaesch* du Soleil, ne rend à cet astre qu'un culte de louanges. D'abord, il s'humilie devant Ormusd, & renonce à tous les péchés qu'il peut avoir commis par pensée, par parole ou par action. Il s'adresse ensuite à plusieurs Anges ; à *Meher*, compagnon de l'Ange qui préside au Soleil, & que Dieu a rendu plus brillant que les autres Esprits célestes ; au Ciel créé de Dieu, au Tems sans bornes, au Tems long donné de Dieu. Puis il passe à l'éloge du Soleil. *Je rends hommage, dit Zoroastre, au Soleil qui ne meurt pas, éclatant de lumiere, qui s'avance comme un cheval vigoureux. Lorsque le Soleil se fait sentir, lorsqu'il échauffe, quand il paroît avec cent, avec mille Esprits célestes qui l'accompagnent, il porte par-tout la lumiere, il la répand comme la pluie, il l'accorde avec profusion à la terre que Dieu a faite. Il est une source d'abondance pour le monde pur.... S'élève-t-il, il purifie la terre, ... l'eau, les fleuves, les étangs?*

Zoroastre laisse l'éloge du Soleil pour reprendre celui de *Meher.* *C'est Meher qui préside aux terres, aux villages..... Il frappe les Diables avec la massue éternelle.... Cet Ange a mille yeux, mille oreilles... Il s'occupe continuellement de la Loi & du bien des hommes. Jamais il ne s'endort.*

Le nom de *Meher,* dans les ouvrages Zends, est *Methrem.* De ce mot s'est formé celui de *Mithra.* Les anciens ont pu confondre cet Ange avec celui du Soleil, parce qu'il est souvent parlé de lui dans l'éloge de ce dernier astre ; de plus, *Meher* seconde le Soleil dans ses fonctions, & l'importance des services qu'il rend au genre humain est cause du respect particulier que les Perses ont toujours eu pour lui.

Dans le *Néaesch* du feu, Zoroastre, après avoir invoqué Ormusd, s'adresse au feu & lui rend hommage. Il l'appelle toujours *Fils de Dieu, & créé de Dieu.*

2°. Les quatre *patets.* Le premier est celui qui porte le nom de *Mahresspand ;* le deuxième est le *patet Moktat ;* il se lit à l'intention des morts ; le troisième est celui que les vivans récitent pour eux-mêmes ; on nomme le quatrième *patet irani ,* parce qu'il est le plus usité dans la Perse.

En général, le *patet* est un aveu du péché accompagné du repentir & de la honte de l'avoir commis. Le pécheur , en présence du feu ou du Destour , prononce cinq fois la priere nommée *Ietha ahou verio ;* (1) puis s'adressant à Dieu & aux Anges , il dit : *Je me repens avec confusion de tous les crimes que j'ai commis dans le monde par pensée , par parole & par action. J'y renonce ; je promets d'être pur de pensée, de parole & d'action. Que Dieu ait pitié de moi , & reçoive mon corps & mon ame dans ce monde-ci & dans l'autre.* Le pénitent entre ensuite dans le détail des péchés qui sont de vingt-cinq espèces.

Ces confessions sont en Persan moderne mêlé de Pehlvi. On croit qu'elles ont été composées dans cette derniere langue par *Aderbad Mahresspand ,* trentième descendant de Zoroastre , Destour célèbre , & restaurateur de la Loi , sous le régne de Sapour , successeur d'Ardeschir Babekan. Ce dernier Prince vivoit dans le troisième siècle de l'ére Chrétienne.

3°. Les *Afergans.* Ce sont des prieres en Zend composées de plusieurs morceaux de l'*Avesta.* On les croit postérieures à Zoroastre. Ces prieres mêlées de remerciemens, sont adressées aux *Gahanbars,* aux *Gahthas,* (noms des cinq derniers jours de l'année) à l'Ange *Dahman,* & à l'Ange *Rapitan* qui préside à la seconde partie du jour nommée le *Gah Rapitan.*

Je vais dire un mot des *Gahanbars.* Il y en a six dans l'année. Ce

<hr>

(1) Voyez ci-devant la notice du Vendidad Chapitre 8.

font

font des Fêtes de cinq jours chacune, établies en mémoire de la création du monde, ou du moins de fon arrangement, qui, felon les Parffes a duré trois cent foixante-cinq jours.

Medioqeram, premier *Gahanbar*, fe célébre en l'honneur de la création du Ciel qui a duré 45 jours.

Dieu ordonne de fêter *Mediofchem* 2e *Gahanbar* en mémoire de l'eau qu'il a créée en 60 jours.

Petefchem, 3e *Gahanbar*, a rapport à la création de la Terre en 75 jours.

La création des arbres en 30 jours eft rappellée par *Eïatrémehé*, 4e *Gahanbar*.

Mediareié, 5e *Gahanbar*, eft pour perpétuer la mémoire de la création des animaux en 80 jours.

Enfin Dieu ordonne de célébrer *Hamefpetemedé*, 6e *Gahanbar*, à l'occafion de la création de l'homme en 75 jours.

4°. Les *Afrins*, qui font les traductions libres des *Afergans* en Perfan moderne.

5°. *Les prieres* qui ont pour objet les cinq *Gahs* auxquels préfident autant d'Anges différens. Le jour chez les Parffes fe divife en cinq parties, que l'on appelle *Gahs*, c'eft à dire tems. Le premier eft le *Gah Avan*, qui commence au lever du Soleil, & finit à midi. Le 2e *Rapitan* dure depuis midi jufqu'à trois heures. Le 3e *Ofiren*, commence à trois heures & finit après le coucher du Soleil. Le 4e *Evefferoutren* s'étend depuis la fin d'*Ofiren* juf-

qu'à minuit; & de minuit au lever du Soleil, c'eft le *Gah Ofchen*. Les prieres aux *Gahs* font en Zend.

6°. *Le Neka*. C'eft la bénédiction que le Mobed prononce fur les fiancés. Ce morceau eft écrit en Pehlvi mêlé de Perfan moderne. Le Docteur Hyde avoit fous les yeux une copie de cet ouvrage, qu'il appelle *Zend Avefta*, (1) quoique le paffage qu'il en cite ne foit que du Perfan moderne.

7°. Les *Nerengs*. On donne ce nom aux petites formules de prieres que les Parffes font obligés de réciter dans les befoins ordinaires de la vie; par exemple, lorfqu'ils voyagent ou qu'ils commencent quelqu'ouvrage. On peut les comparer à nos oraifons. Ces prieres font en Perfan moderne.

Le manufcrit dont je viens de rendre compte, eft fort ancien & fans date. J'en ai vu un pareil chez le Docteur Hunt, Profeffeur d'Arabe en l'Univerfité d'Oxford. Il a été apporté en Angleterre par M. Frafer, qui l'avoit eu de Bikh, Deftour-Mobed de Surate. Le même Docteur poffède les *Néaefchs* Zends & le *Neka* en caractères Zends, copiés l'an d'Iefdedjerd 1042. de l'Ere Chrétienne 1672. C'eft un manufcrit du Docteur Hyde.

IV. *Sfroufé* (2) *Zends & Pehlvis; Néaefchs, Ormufd Iefcht, & quelques autres morceaux Zends & Pehlvis; Ahouenim Zend & Perfan, & Ravaet traduit du Perfan en Indou.*

Le premier ouvrage eft l'éloge

(1) Hift. Rel. pages 330.
(2) *In-folio* de 394 pages.

des Anges qui préfident aux trente jours du mois. *Sfiroufé* fignifie trente jours. Il y a deux Traités de ce nom, le grand & le petit *Sfiroufé*. Ce dernier n'eft que l'abrégé du premier.

Le feu dans le *Sfiroufé* (1) eft appellé lumière des Kèanians. Cet élément, felon la pure Théologie des Parffes tirée des Livres Zends, c'eft à-dire des originaux de Zoroaftre, n'eft qu'une émanation fenfible de cette foutce de lumière qui renfermoit dans le commencement le prototype de tous les êtres.

On peut confulter fur les *Néaefchs* l'article des *Iefchts fadés*, & fur l'*Ahouenim* la notice de l'*Izefchné*. Les 9, 10 & 11ᵉ Chapitres de ce dernier Traité, portent le nom d'*Ahouenim*, parce que le 9ᵉ Chapitre commence par ce mot Zend qui fignifie fonnette.

Le *Ravaet* eft un Recueil de réponfes des Deftours du Kirman. Cet ouvrage doit fa naiffance au zéle de Tchengâtcha, Parffe célébre qui vivoit dans l'Inde il y a plus de 300 ans. Plufieurs points de la Loi s'étant avec le tems obfcurcis, ce Parffe confulta par lettres les Deftours du Kirman. Depuis lorfqu'il s'eft préfenté quelque chofe de douteux, les Deftours de l'Inde, à l'imitation de Tchengâtcha ont écrit à ceux de l'Iran, & c'eft des réponfes des derniers que fe font formés les ouvrages que l'on nomme *Ravaet*, c'eft-à-dire, Coutume.

V. *Vendidad* (1) *Zend & Pehlvi* mélé de *Pahzend*, revu & corrigé par le *Deftour Darab*; *Viffpered Zend & Pehlvi*; *Sferofch Iefcht Hadokht Zend*, *Pehlvi & Samskretam*, & *Sfiroufé Zends & Perfans*.

L'exemplaire du *Vendidad* dont il eft ici queftion eft dépouillé des Commentaires inutiles a outés par des Copiftes ignorans. Le Deftour Djamaffp, célèbre par fa fcience, étant venu il y a environ 35 ans dans l'Inde pour y éteindre le feu de la divifion, Darab étudia fous cet habile maître le Zend & le Pehlvi, & c'eft à fes foins que l'on doit cette copie plus exacte du plus confidérable des ouvrages de Zoroaftre.

Il eft parlé du *Viffpered* à la fin de la notice du *Vendidad fadé*. Celle du volume précédent fait mention du *Sfiroufé*.

Le *Sferofch Iefcht Hadokht* eft tiré du *Hadokht* 21ᵉ ouvrage de Zoroaftre. C'eft la priére à l'Ange *Sferofch*, qui eft, felon les Parffes, le Roi du monde terreftre, & le chef de tous les vivans. On trouve à la fin de l'*Izefchné* un deuxième *Sferofch Iefcht*.

VI. *Izefchné fadé* (2).

Ce volume préfente l'*Izefchné* tel que le *Djouti* le récite feul, c'eft-à-dire, fans le *Vendidad*. Les cérémonies ufitées dans cette partie de la Liturgie font expliquées en Indien écrit en caractères Samskretams modernes. Ce manufcrit eft fort ancien & fans date.

______

(1) En Zend, *Keoutcht Kherénegho*, en Perfan, *Nour Kèan*.

(1) *In-4º*. de 628 pages.
(2) *In-4º*. de 390 pages.

J'ai vu à Oxford chez le Docteur Hunt, deux exemplaires de l'*Izeschné Sadé*. Les cérémonies n'y sont pas. Le premier appartenoit au Docteur Hyde. Il a été copié l'an 1030 d'Iesdedjerd, de l'Ere Chrétienne 1660. Le deuxième a été écrit à Surate l'an 1105. d'Iesdedjerd, de l'Ere Chrétienne 1735. C'est M. Fraser qui l'a apporté en Angleterre. On lit dans la notice que cet Anglois a mise au commencement de l'ouvrage, qu'il y a à Surate une famille qui se vante d'être la seule qui entende le Zend & le Pehlvi. Il vouloit parler de celle de Darab dont j'ai pris les leçons.

VII. *Recueil d'ouvrages* (1) *& de morceaux Zends & Pehlvis.*

Ce volume tire son prix de sa rareté & des matières qui y sont traitées. Le Destour Djamaspp assura il y a plus de trente ans qu'il ne l'avoit pas vu en Asie; & l'exemplaire qui paroît ici passe pour le seul qui existe dans l'Inde.

Il contient 25 piéces tant Zendes que Pehlvies, dont les noms sont cités dans plusieurs ouvrages modernes. Les principales sont quelques morceaux de l'*Izechné* traduits en Pehlvi, un petit vocabulaire Zend & Pehlvi, le *Bahman Iescht*, le *Viraf nama* & le *Boundehesch*.

Le *Bahman Iescht* présente en forme de Prophétie l'Histoire abrégée de l'Empire & de la Religion des Perses depuis Gusttassp jusqu'à la fin du monde. Zoroastre voit en songe un arbre qui croît à ses yeux,

(1) *In-*4°. de 322 pages.

& qui porte quatre branches, l'une d'or, l'autre d'argent, la 3° d'acier, la 4° de fer, & entrelacée avec les autres branches. Une autre fois le Légiflateur Prophéte boit quelques gouttes d'eau qu'Ormusd lui avoit mises dans les mains. Alors il est rempli pendant sept jours & sept nuits de l'intelligence divine, & voit un arbre qui porte sept fruits, chacun de différent métal. Ces visions sont accompagnées d'explications qui me paroissent avoir été faites sous la 4° Dynastie des Rois Perses, & peut-être même depuis. J'ajouterai que l'ouvrage n'est point du tout marqué au coin de Zoroastre.

Le *Viraf-nama* est l'Histoire de la mission de Viraf. La Loi de Zoroastre s'étant obscurcie sous Ardeschir Babekan, chef de la 4° Dynastie, Viraf, le seul entre 40000 Mobeds que l'on trouvât assez pur pour consulter l'Etre suprême, fut chargé de cette importante commission. Ce nouveau Prophéte s'endormit après avoir vuidé sept fois la coupe de Gustassp que l'on avoit remplie de vin. Il eut ensuite les visions dont il rend compte avec une exactitude qui ne sent point l'homme inspiré.

Ce Livre est divisé en deux parties. La première présente le tableau des différentes demeures des bienheureux, & des plaisirs dont ils sont enivrés. La 2° est la description des horreurs de l'enfer, & du supplice des Damnés.

Boundehesch est le nom de la Cosmogonie des Parsses. Ce mot signifie *donner la racine ou l'être*, L'original de cet ouvrage étoit en Zend; on l'attribue à Zoroaftre; quant à la traduction Pehlvie, il faut convenir qu'elle a été altérée par les Copiftes, puifqu'on y voit paroître les deux dernières Dynaf-ties des Rois Perfes.

Je remarque à ce fujet que les Parffes ou Traducteurs ou Copif-tes, pour donner un ton de Prophéte à leur Légiflateur, ont quelquefois inféré dans les traductions Pehlvies des noms modernes qui ne font pas dans l'original Zend. La criti-que des Deftours ne va pas jufqu'à examiner de près ce qui eft favo-rable à leur Religion.

Dans le *Boundehefch*, le tems fans bornes (1) eft le principe d'Or-

(1) *Le tems fans bornes* fe nomme en Zend *Zerouané Akerené*. C'eft le *Za-rouam* dont parle Theodore de Mop-fuefte. *Théodore*, dit Photius (Bibliot. pag. 199. édit. de Rouen, 1693.) *expli-que dans fon premier Livre le dogme in-fâme des Perfes inventé par Zarafdès tou-chant Zarouam, que cet impie établiffoit principe de toutes chofes, & qu'il appelle fortune. Comment enfuite Zarouam fe pré-parant à engendrer Hormifdas, avoit en-gendré Hormifdas & Satan; & enfin ce qui réfulta du mélange qui fe fit de l'un & de l'autre.* Je me fers ici de la traduction de M. l'Abbé Foucher.

Le mot que Théodore traduit par Τύχη, *Fortune* eft *Bakht* qui fignifie *Fortune* & *Deftin*. Le fecond fens convient mieux au *Zerouané* de Zoroaftre.

Le mélange qui fe fit du fang des deux principes, n'eft autre chofe que celui de leurs productions & de leurs opérations fur les mêmes êtres, tels que l'homme & les animaux.

Il paroît que Théodore de Mopfuefte a bien entendu le fyftéme de Zoroaftre

mufd qui habite la lumiere pre-miere, & d'Ahriman qui fait fa réfi-

fur l'origine des chofes. On vient de voir qu'il s'exprime à-peu-près comme l'Au-teur du *Boundehefch*. Ce rapport fenfible eft, je crois, la réponfe à ce qu'on lit dans l'ouvrage du Docteur Hyde (p. 78.) Cet Anglois, prétend que *Zervan* eft Abraham, & que Théodore, faute d'avoir fçu le fens de ce mot, lui a mal-à-pro-pos fubftitué celui de Ζαρυάμ *Zarouam*. Voici fes paroles. *Et quidem nofter Zer-van, feu Zarvan (Abraham) eft idem, qui apud Theodorum Presbyterum Mop-fueftienfem minùs rectè vocatur Ζαρυάμ, nomine à Theodoro non intellecto.* Pour prouver cette affertion, il auroit fallu produire des ouvrages anciens & Parffes, & non pas de fimples Mahométans.

La note qui eft au bas de la même page, n'eft pas plus modefte. *Magna auto-ritatis autor Ibn Fakhruddin Angjou in Libro Farhang Djehanguiri ponit Zervan effe Abrahamum, qui (cum Zervan fuit tantùm unus) procul dubio erat idem cum Zarouam Theodori Mopfuefienfis, & cum Zervam Shariftani c. 22. hujus. Ideoque dicti autores qui minoris autoritatis, cenfe-buntur erraffe ftatuendo Zervan effe diver-fum quemdam ab Abrahamo, ejufque opi-niones diverfas, ex tam profundâ antiqui-tate veritatem expifcari nefcientes.*

Sur l'autorité d'un Dictionnaire fait il y a 100 ans par un Mahométan, le Docteur Hyde fronde ici Théodore de Mopfuefte & *Shariftan*, quoique ce der-nier paroiffe avoir confulté des mémoi-res affez exacts.

En effet, la manière dont Shariftan (Hyde p. 297.) rapporte la mort du premier homme & du premier bœuf, & la naiffance des peres du genre humain, qu'il nomme *Mefcha & Mefchané*, s'ac-corde affez avec ce qu'on lit dans les ouvrages Pehlvis.

Ailleurs (a) le Docteur Anglois n'a pas plus d'égard pour Ariftophane. J'ai montré le rapport du paffage de Théo-

(a) pag. 438.

dence dans les ténèbres premieres. Cet ouvrage préfente enfuite le mélange des opérations de ces deux êtres devenus principes fecondaires ; la création du monde pur par Ormufd, & celle du monde impur par Ahriman. Ce dernier troubla bientôt l'ordre de l'Univers, leva une armée contre Ormufd, le combattit pendant quatre-vingt dix jours, & fut vaincu par la force de l'*Honover*, (la parole Divine.) Alors Ormufd créa le bœuf qui fut tué par Ahriman ; & du

dore avec le *Boundehefch*, de celui d'Eufebe avec l'*Ormufd Iefcht ;* & l'on verra à la fin de cette notice qu'Artaban introduit fur la Scène par Ariftophane, s'exprime en très-bon Perfan, quoique M. Hyde ne l'entende pas.

2°. Il eft parlé de *Zervan* dans un volume que Maribas, au rapport de Moyfe l'Arménien, trouva dans la Bibliothèque de Ninive du tems d'Arface le grand Roi des Parthes. C'étoit un ouvrage Grec, au-devant duquel on lifoit ces mots : *ce volume a été traduit du Chaldéen en Grec par l'ordre d'Alexandre ; il contient l'Hiftoire fincére de l'antiquité, qu'il commence à Zervan, Titan, & Apeftathes, & fait en ordre le dénombrement de tous les hommes célébres de la lignée de chacun de ces trois-Princes durant une longue fuite de tems.*

Ce *Zervan* paroît être le *Zerouané* de Zoroaftre.

Je pourrois encore citer ce qu'on lit dans le Traité *des Principes* de Damafcius. *Il y a*, dit cet Auteur, *des Mages, qui au rapport d'Eudème, appellent tems tout ce qui eft intelligible.* Mais mon deffein n'eft pas de concilier ici les écrits qui font maintenant attribués à Zoroaftre, avec ce que les Anciens nous apprennent des dogmes de ce Légiflateur. Ce fera la matière d'un ouvrage particulier.

bœuf eft forti le premier homme appellé *Gaiomard* ou *Kaïomorts.* Avant la création du premier Bœuf, Ormufd avoit produit une goutte appellée *eau de fanté ;* il avoit créé une autre goutte appellée *eau-de-vie*, (*Kheié* en Pehlvie,) avant que de former le premier homme. Il mit cette derniere goutte fur le corps du Kaïomorts qui étoit beau & blanc, & qui par la vertu de cette eau de vie paroiffoit n'avoir que 15 ans.

Après la mort de Kaïomorts, de fa femence qui étoit tombée fur la terre, nâquit un arbre dont le fruit contenoit les parties naturelles des deux fexes réunies; il fortit de ce fruit un couple mâle & femelle; l'homme s'appelloit *Mefchia*, & la femme *Mefchiné.* Ahriman qui avoit pénétré fur la terre fous la forme d'un ferpent, vint à bout de les féduire, en leur perfuadant qu'il étoit le feul auteur de tout ce qui exiftoit ; l'homme & la femme le crurent; ils devinrent criminels, & ce péché fe perpétuera jufqu'à la réfurrection. Alors *Mefchia* & *Mefchiné* fe couvrirent de vêtemens noirs ; ils mangerent enfuite du fruit que le Diable leur avoit préfenté.

Quelque tems après il nâquit de *Mefchia* & de *Mefchiné* deux couples mâles & femelles, dont fortirent fept autres couples auffi mâles & femelles ; ils devenoient peres au bout de 50 ans, & au bout de 100 ans le couple mouroit.

Un de ces fept couples fut *Siamak*, & fa femme *Vefchak*, qui eurent deux jumeaux : *Frevak* étoit le nom de l'homme, & *Frevakeï* celui de la femme.

De ce couple sortirent quinze autres couples qui formerent autant de peuples, & se multiplierent considérablement; neuf de ces peuplades passerent l'Euphrate sur le dos du bœuf *Ssaresseok*, & allerent s'établir dans les six *Keschvars*, c'est-à-dire, les six premieres parties du monde; (1) six resterent dans le *Kounnerets*.

On compte au nombre des Chefs de ces six dernieres peuplaples.

1°. *Tâzé* & sa femme *Tâzé*. C'est d'eux que le désert des *Tâzians* (maintenant l'Arabie) a pris son nom.

2°. *Oschingh* & *Gondje* sa femme dont sont sortis les *Iranians* (les Persans).

3°. *Mazendran* dont les descendans ont habité *Ssour*, *Avir*, *Tour*, *Tchinesstan*, *Daï* & *Sjatad*. Ainsi la postérité de *Frevak* a peuplé les sept parties du monde.

Le reste de cette Cosmogonie est fort étendu, & parle de différentes matieres. On y voit de grands détails sur les fleuves du monde, sur les montagnes, sur les arbres, (2) sur les animaux, qui, ainsi que les arbres, viennent du premier bœuf, & sur les différentes espèces de feux. Il y en a un qui est toujours en présence d'Ormusd; un autre

habite les êtres animés. Cela prouve bien que les Parsses ne considerent le feu sensible que comme une émanation du principe de vie & d'action qui réside dans l'Etre suprême.

Au commencement du *Boundehesch*, il est parlé d'une pluie de 40 jours.

On lit à la fin de cet ouvrage, les événemens qui doivent précéder la résurrection & ceux qui la suivront. Lors de cette grande catastrophe, *la mere sera séparée du pere, la sœur du frere & l'ami de l'ami ; les justes pleureront sur les damnés, les damnés pleureront sur eux-mêmes ; car le pere saint aura un fils digne de l'enfer ; de deux sœurs, l'une sera pure & l'autre impure ; il sera fait à chacun selon ses œuvres.......... Lorsque Goultcher* (c'est-à-dire, la Comète,) *se trouvant dans sa révolution au dessous de la Lune, tombera sur la terre, la terre sera malade & tremblera comme fait la brebis devant le loup ; ensuite la chaleur* (de cette Comète) *fera couler comme un fleuve, des montagnes de métaux sur la terre ; tous les hommes passeront par cet étang de feu & seront purifiés; les justes n'y sentiront que l'impression d'un lait chaud ; les méchans iront aussi dans ce monde couvert d'un fleuve de métaux, & seront ensuite purs & heureux.* (1)

La généalogie de Zoroastre & la

---

(1) Voyez ci-devant la notice du *Visspered*.

(2) Avant le bouleversement qu'Ahriman a causé dans la nature, les arbres n'avoient ni écorce, ni épines, ni qualités malfaisantes.

(1) *Lorsqu'Ariman aura été détruit,* dit Plutarque, rapportant les opinions des Mages, *la terre sera unie & applanie, & il n'y aura plus qu'une seule Ville, où tous les hommes vivront ensemble, jouissant du même bonheur, & parlant une même Langue.* Lib. de Isid. & Osir.

ſuite des Rois de l'Iran , termi-
nent le *Boundehefch*.

VIII. *Quatre Néaeſchs,* (1) *pluſieurs
Afergans, & quelques autres prieres
en Zend & en Indien mêlé de Samſ-
kretam.*

Ces ouvrages dont j'ai parlé dans
la notice des *Ieſchts ſadés,* ont d'a-
bord été mis en Samskretam par les
Deſtours Neriolſengue & Ormuſdyar ; de cette derniere langue Aſtinka-
kaka, Deſtour célèbre, les a traduits
en Indien. L'antiquité de cette traduction peut aller à 200 ans.

IX. *Néaeſchſ* (2) *en Zend & en Indien, avec le Perſan moderne ſur les
mots Indiens.*

Le Texte Zend eſt écrit en caractères Indiens. Ce volume renferme encore quelques autres prieres traduites dans cette derniere
langue.

X. *Minokhered* (3) *Perſan & Samskretam.*

Le Perſan eſt écrit en caractères
Zends. Le *Minokhered,* c'eſt-à-dire,
eſprit Divin, eſt une eſpèce d'entretien dont on ne connoît pas cer-
tainement l'auteur. Les uns préten-
dent que Zoroaſtre y parle à l'eſ-
-prit céleſte ; d'autres veulent que
ce ſoit une ame pure, qui conſulte
la lumiere divine deſcendue en
elle-même. L'objet de cet ouvrage
eſt de démontrer l'utilité de la loi,
& la néceſſité de ſuivre ce qu'elle
preſcrit, malgré ce que pourroient
objecter les incrédules.

On croit que l'original du *Mi-*

nokhered étoit en Pehlvi. Il ne ſub-
ſiſte plus , du moins dans l'Inde.
Outre la traduction Samskretanne
qui paroît ici, ce petit traité a encore été mis en Perſan *Naſſer &
Nazem,* c'eſt-à-dire, en proſe &
en vers ; la traduction en proſe eſt
dans le vieux *Ravaet* dont je vais
parler ; (n° XV.) celle qui eſt en
vers a été faite il y a 100 ans par
Ormuſdyar, Deſtour de Naucary.

Il y a deux *Minokhereds,* un
grand qui renferme ſoixante-quatre
queſtions, & un petit qui n'en contient que quatre. Ce volume eſt
terminé par un *Patet Perſan &*
Samskretam , dans lequel *l'Ietha
ahouverio & l'Eſchemvohou* ſe trouvent traduits en cette derniere langue.

Le *Minokhered Naſſer* ſe trouve
dans le Ravaet apporté en Angleterre par M. Fraſer.

XI. *Darounſadé.* (1)

Cet ouvrage fait partie de la Liturgie Parſſe ; il eſt compoſé de
pluſieurs chapitres de l'*Izechné* dont
le nombre eſt déterminé par l'objet pour lequel on le récite, ou par
l'Ange auquel il s'adreſſe.

Le *Daroun* tire ſon nom des
pains *Darouns,* (2) qui ſont au
nombre des choſes néceſſaires dans
la célébration de cet Office.

XII. *Ravaet Perſan.* (3)

Ce volume eſt un recueil de pluſieurs *Ravaets,* fait à Bombaye par

---

(1) Vol. *in-4°.* de 518 pages.
(2) *In-8°.* de 424 pages.
(3) *In-8°.* de 434 pages.

(1) Vol. *in-12.* de 228 pages.
(2) Voyez ci-devant la notice de l'Izeſchné.
(3) *In-folio* de 834 pages.

24

sept Destours Parsses; l'ouvrage est en deux parties.

La premiere comprend différentes décisions cérémonielles, les noms des vingt-un Traités de Zoroastre, le plan du lieu où se donne le *Baraschnom*, (c'est-à-dire, les purifications;) celui du *Dakmé* qui est le cimetiere des Parsses & le *Kolassédin*, c'est à-dire, l'essentiel de la loi. Ce dernier ouvrage est un Traité assez ample composé de morceaux en vers & en prose sur les cérémonies, la morale, la forme des pains *Darouns*, & sur le jurement. Le *sogand nama*, c'est à-dire, Traité du jurement, défend de jurer en faveur de la vérité.

La seconde partie est beaucoup plus considérable; outre plusieurs morceaux détachés, elle contient :

1°. La fin du *Minokhered* en vers.

2°. Un morceau en vers qui parle de Guerschassp, le premier des Pahlvans, de Themourets, Roi de la dynastie des Peschdadians, & de Djemchid son successeur.

3°. Les caractères Zends & les Pehlvis.

4°. L'explication de *l'Ietha ahouverio* & de *l'Eschemvohou*, & des vers sur le *Kosti*, qui est le cordon des Parsses.

5°. La pénitence de Djemchid en enfer.

6°. Les *Patets*.

7°. Des extraits du *sadder nasser* & les *Nerengs*.

Le *sadder*, c'est-à-dire, les cent portes, est un abrégé de Théologie Parsse spéculative, pratique & cérémonielle; cet ouvrage porte le nom de *cent portes*, parce que les cent chapitres dont il est composé sont autant de portes qui conduisent au Ciel. Il ne faisoit pas partie du *Zendavesta*. Plusieurs Parsses croient que l'original du *sadder* étoit en Pehlvi. Ils ajoûtent que de cette Langue il a été traduit en Persan, c'est le *sadder nasser*, c'est-à-dire, en prose.

8°. Quelques morceaux de Zerduft Behram, entr'autres, des questions faites à Zoroastre par Djamassp, ministre du Roi Gusstassp.

9°. Les *Néaeschs* du feu, de l'eau, du Soleil & de la Lune, & l'*Ormusd Iescht*, en Zend & en Persan.

10°. Les *Afergans*.

11°. Le *sadder nasser*.

12°. Le *Viraf nama nazem*, c'est-à-dire, l'Histoire de Viraf en vers. L'an 641 d'Iesdedjerd, de l'Ere Chrétienne 1271, un auteur inconnu traduisit le *Viraf-nama* du Pehlvi en Persan, & cette traduction a depuis été mise en vers par Zerduft Behram. J'ai vu chez le Docteur Hunt à Oxford trois exemplaires de cet ouvrage; le premier est en caractères Zends; le second est en caractères Persans, & le troisième est en caractères Zends avec le Persan entre les lignes. Les passages cités par le Docteur Hyde sont tirés de cet exemplaire.

13°. Le *sadder Boundehesch* imparfait; ce *sadder*, qui est aussi de cent Chapitres, est nommé *Boundehesch*, parce qu'il parle de l'origine des choses.

14°. *Djamasspi nazem*. C'est le résultat d'une conférence entre le
Roi

Roi Gusftaffp & Djamaffp fon Miniftre; ce petit entretien roule fur les événemens antérieurs à la Loi, & fur ceux qui lui font poftérieurs.

L'ouvrage n'eft pas de Djamaffp, quoiqu'il en porte le nom, puifqu'on y trouve une fuite des Rois de l'Iran, continuée jufqu'à Iefdedjerd; à moins qu'on ne dife que les deux dernieres dynafties ont été ajoutées après coup. La fomme des règnes qui y font rapportés s'accorde aflez bien avec notre chronologie.

XIII. *Recueil d'ouvrages Perfans.* (1) Ce volume contient:

1°. Le *Zerduft nama Nazem*, c'eft à dire, l'hiftoire de Zoroaftre en vers. On voit dans ce petit poëme la naiffance du Légiflateur des Parffes, fa miffion, les prodiges qui l'ont accompagnée, & des prédictions pour les derniers temps. L'original Pehlvi a été traduit en vers Perfans par Zerduft Behram. On ne peut dire que cet ouvrage & le *Viraf nama* faffent partie du *Zendavefta*, puifqu'ils font poftérieurs à Zoroaftre.

Le Docteur Hunt a un exemplaire du *Zerduft-nama.*

2°. Le *Viraf-nama nazem.*

3°. Le *Tchengregratch-nama Nazem*, c'eft-à-dire, l'Hiftoire de Tchengregatcha en vers. C'eft à ce Brame que le *Viffepered* eft adreffé.

Tchengregatcha ayant appris dans l'Inde que Zoroaftre femoit en Perfe une nouvelle doctrine, & que Djamaffp, Miniftre de Guftaffp, l'avoit adoptée avec toute la

Cour du Prince, écrivit au Roi, au Miniftre & à Zoroaftre.

Cet ouvrage contient le précis des Lettres de Tchengregatcha & fa converfion à la Religion de Zoroaftre.

4°. Le *Néaefch* du Soleil en Zend & en Perfan, écrits en caractères Perfans.

5°. *L'Eulma esflam.* C'eft une conférence Théologique entre un fameux Deftour, & *l'Eulma esflam*, c'eft à-dire, le corps des Moullahs Mahométans. Ce petit traité eft le feul après le *Boundehefch*, qui prenne la Religion des Parffes par les fondemens; & qui remonte à des principes ignorés par le peuple, peu compris par le commun des Prêtres, & niés ou cachés par les adeptes. Dans *l'Eulma eflam*, le tems fans bornes eft le principe d'Ormufd, du feu, de l'eau & du Diable. On ignore l'Auteur de ce traité & le tems auquel il a été compofé.

6°. Réponfes des Deftours du Kirman aux Deftours Darab & Kaouff, au fujet *du Norouz*, c'eft-à-dire, du premier jour de l'année.

7°. *Sadder nazem.* Cette traduction du *fadder* en vers Perfans eft de l'an 864 d'Iezdedgerd, de l'Ere Chrétienne 1494. On croit que *Chehmard*, fils de *Malekfchah*, en eft l'auteur : elle a été apportée du Kirman dans l'Inde par le Deftour Pafchoutandadji. C'eft cette traduction que Hyde a mife en latin. Le Docteur Hunt a deux exemplaires du *Sadder Nazem*; le premier eft en caractères Perfans; le fecond eft en caractères Zend

(1) *In-*4°. de 446 pages.

D

avec le Persan entre les lignes. Les phrases en caractères Zends que l'on voit dans l'ouvrage du Docteur Hyde, ont été tirées de cet exemplaire.

8°. *Histoire en Vers de la Retraite des Parsses dans l'Inde.*

Ce petit Poëme contient la sortie des Parsses du Corasan, leur arrivée dans l'Inde, (l'an 136 d'Iesdedjerd, 766 de J. C. 149 de l'Egire *) la réception que leur fit le Raja, c'est-à-dire, le Prince Indien de *Sadjam* près de Daman à la côte Malabare; les guerres que ce peuple eut à soutenir lors de l'invasion des Mahométans, sa dispersion dans le Guzarate, & l'établissement du feu *Behram* à Nauçary l'an d'Iesdedjerd 785, de l'Ere Chrétienne 1415.

L'auteur de ce Poëme est un Parsse nommé Bahman, qui vivoit il y a 159 ans.

9°. *Djamasspi nazem.*

XIV. *Virafnama Indien.* (1)

Cette traduction Indienne du *Virafnama* a été faite par Roustoum Assa, il y a à peu près 70 ans.

XV. *Vieux Ravaet.* (2)

Ce *Ravaet* renferme une partie du précédent, (n°. XII,) & toute la Liturgie des Parsses; il a été écrit il y a 147 ans. M. Fraser en a apporté en Angleterre un petit, qui contient entr'autres ouvrages, *l'Eu-ma esslam*, le *sadder* en vers, la fin du même ouvrage en prose, le *Dja-*

masp, & quelques décisions des Destours du Kirman. Ce dernier manuscrit est entre les mains du Docteur Hunt.

XVI. *Vadjerguerd.* (1)

Le nom de cet ouvrage signifie *celui qui explique.* Il a été apporté dans l'Inde par le Destour Djamasp. Il renferme les prieres qui accompagnent quelques cérémonies particulieres, par exemple, celle de couper les branches qui composent le *barsom*, & plusieurs décisions qui regardent la morale & les cérémonies de la Loi.

XVII. *Petit Dictionnaire Pehlvi Persan.* (2)

Ce volume contient 794 mots. Le Pehlvi y est écrit en caractères Zends & en caractères Pehlvis.

XVIII. *Chekand Goumani.* (3)

Ce Traité dont le nom signifie le *doute brisé & détruit,* est écrit en langue & en caractères Pehlvis, avec la traduction en Persan moderne écrit en caractères Zends; il y est question de l'origine du mal. L'ouvrage porte le nom de *doute détruit,* parce que l'auteur convient à la fin que le mal ne vient pas de Dieu, & que l'impureté du Diable a sa source dans lui-même.

Les ouvrages dont je viens de rendre compte, ne sont pas les seuls que j'aie rapportés des Indes; ma collection renferme encore un double exemplaire des originaux Zends, de quelques traductions Pehlvies & Samskretannes, & près

---

* Page 2. de la Relation abrégée, premiere col. lig. 10, lisez l'an de J. C. 766, de l'Egire 149.

(1) *In-*4°. de 288 pages.

(2) *In-*8°. de 410 pages.

(1) Vol. *in-*12. de 82 pages.

(2) Vol. *in-*12. de 84 pages.

(3) Roulot.

de 80 manuſcrits Perſans, Arabes & Indiens.

La connoiſſance de l'ancien Perſan facilitée par tous ces livres, ouvrira peut-être aux ſçavans une carriere abondante en découvertes, qui les préparent à l'intelligence des *Ve-* *des* & des antiquités Indiennes.

Mais comme on pourroit être tenté de révoquer en doute la ſolidité & l'utilité de mes recherches, je vais en donner une idée par l'explication d'un paſſage ancien Perſan qui ſe trouve dans Ariſtophane. Le Perſan y reçoit à peu près la prononciation qu'on lui donneroit à préſent, ſi on vouloit rendre le ſens que préſente la traduction de l'auteur Grec.

Ariſtophane (1) met ces mots dans la bouche du Perſan Artabane; ἰαρταμὰν, ἰξαρξὰν, ἀπισσοναςάτρα; ce qu'il traduit par : Πέμψειν βασιλία φροεῖ ἡμῖς χρυσίον : *il dit que le Roi nous enverra de l'argent.*

Le Docteur Hyde (2) prétend que cette phraſe Perſanne n'a aucun ſens, & que c'eſt une pure boufonnerie d'acteur.

La Croſe (3) ſe donne beaucoup de peine pour tirer de l'Arménien un ſens contraire à celui du Poëte Grec. Il traduit ainſi, *le Roi ne nous enverra pas d'argent* ; ſi le paſſage d'Ariſtophane étoit Zend, peut-être auroit-on raiſon de conſulter l'ancien Arménien. Mais à *Xerxan* près c'eſt du pur Perſan.

Les Grecs à qui cette dernière Langue étoit étrangère, prononçoient du tems d'Ariſtophane :

Iartaman   exerxan   apiſſonaſatra
Un Parſſe diroit maintenant,
Iarad men   Kſcheſſrean   afʒounatra
Afferent à   Rege   nobis   opes.

c'eſt-à-dire, *on nous apportera de l'argent de la part du Roi.*

Iarad eſt la 3e perſonne du futur d'*Avardan* qui ſignifie *apporter* ; ce mot eſt ancien & moderne.

Men en Pehlvi eſt la prépoſition *de* que je rends par *de la part.* l'*e* & l'*a* bref chez les Orientaux ſe prononcent à peu près de même.

Kſcheſſre ſignifie *Roi* en Zend. De ce mot vient *Xerxès* chez les Grecs & *Schir* chez les Perſans.

An eſt encore Pehlvi, & ſignifie *eux* & *nous.*

Afʒounat marque l'*abondance* & l'*excellence* ; il ſe prend pour les richeſſes Le mot eſt ancien & moderne.

Ra eſt la marque du régime.

(1) *In Acharn. act. 1. Scen. 3.*
(2) Hiſt. R. V. P. page 438.
(3) Lett. de Cuper. page 302.